eBook ISBN 978-3-949996-16-0
Paperback ISBN 978-3-949996-17-7

Buchsatz & Cover Design - Angela Zigann

FÜR MEINE MAMA,
DIE MICH TATKRÄFTIG IN DEN DREI TAGEN DES TRAININGS UNTERSTÜTZT
HAT UND DAMIT EINEN GROSSEN ANTEIL AM ERFOLG HAT.
SIE IST IMMER DA, WENN ICH SIE BRAUCHE
ODER WENN UNSER KLEINER HELD SEHNSUCHT NACH IHR HAT.
IN LIEBE - DANKE!

DAS TÖPFCHENTRAINING BUCH

LIEBEVOLLER ELTERNRATGEBER VON DER WINDEL ZUM TÖPFCHEN:
VORBEREITUNG - TRAINING - UMSETZUNG

Angela Zigann

Go Crazy Happy Books

INHALT

EINLEITUNG

Essen, Sprechen, Radfahren, Anziehen, Schreiben ...
all das und so viel mehr bringen wir unseren Kindern
so ganz nebenbei bei, völlig selbstverständlich und
ohne groß darüber nachzudenken.
Aber die Toilette und der Weg von der Windel dort
hin, machen uns beängstigend ratlos.

Als mein Sohn eins wurde, habe ich mich auf die
Suche zum Thema „Töpfchentraining",
„Sauberwerden", „windelfrei" gemacht und musste
mit Erstaunen feststellen, dass es kaum aktuelle
Literatur zum Thema gab. Die meisten waren
Jahrzehnte alt und boten nichts außer den Aussagen,
dass es individuell sei, man keinen Druck machen
und dem Kind Zeit geben soll. Sozialpädagogisch sehr
freundlich formuliert, aber für ratlose Eltern wenig
hilfreich!

Als Erziehungswissenschaftler habe ich mir viele
Fragen gestellt. Zum Beispiel, wann der richtige
Zeitpunkt ist für mein Kind und was der ganze
Prozess sowie das Ergebnis mit ihm machen. Und ich

wollte natürlich den besten und für alle Seiten einfachsten Weg finden, der optimal zu Alltag, Kitaeingewöhnung und allem voran zu den Bedürfnissen meines Kindes passt.

Die wenigen Ratgeber die es überhaupt auf dem Markt gab, zielten entweder darauf ab, den Druck bei den Eltern rauszunehmen und entspannter mit dem Thema an sich umzugehen. Dies ist definitiv wichtig, geht aber an der eigentlichen Fragestellung „Wie komme ich von Windel zu Töpfchen" komplett vorbei. Oder es waren Quick-Fix-Methoden, die sich gegenseitig unterbieten und Kinder in drei, zwei, eins Tagen trocken bekommen. Hier fehlte aber das Rundherum, denn mit nur drei Tagen ist es nicht getan.
Eine klare und nachvollziehbare Praxisanleitung, die liebevoll nachhaltige Ergebnisse schafft fehlte. Aber das ist genau das, wonach Eltern suchen.

Ich habe in alle Richtungen recherchiert und mir aus dem was ich gefunden habe, meinen eigenen Plan zurecht gelegt. Danach wurde alles fein säuberlich strukturiert, geplant und vorbereitet und dann gemeinsam mit meinem inzwischen fast zweijährigem Sohn getestet. Und siehe da, wir waren nach 3 Tagen windelfrei und stolz!

Seither durfte ich viele Mamis samt ihren Sprösslingen mit meinem Rat dabei unterstützen der Windel Lebewohl zu sagen. Die Erleichterung der Mamas und der Stolz der kleinen Menschlein über ihre große Errungenschaft sprechen für sich und für den erarbeiteten Plan.

Der Kern dieses Planes, den ich dir mit diesem Buch im Detail an die Hand geben möchte, ist die oben erwähnte 3-Tage-Methode. Diesen 3-Tage-Kern habe ich im gesamten Prozess jedoch weiter ausgearbeitet und um einige Vor- und Nachbereitung erweitert und ergänzt, denn nur die drei Tage an sich, reichen, wie gesagt, leider nicht aus.

Die Phase der Vorbereitung, vor den eigentlichen drei Tagen Training, ist essentiell, damit das Kind die entsprechende Motivation hat und sich auf die einschneidende Veränderung freut.

Aber auch in der Phase nach dem Training, gilt es einiges zu beachten, damit der erzielte Erfolg auch von Dauer ist und damit ab hier wirklich keine(!) Windeln oder andere Hilfsmittel mehr nötig sind - bei Tag und bei Nacht!

Natürlich gibt es verschiedene Wege und dies ist nicht die einzige Wahrheit. Aber es ist eine erfolgreiche und liebevolle Methode, unsere Zwerge auf ihrer Reise zu Selbständigkeit und Selbstbewusstsein optimal zu unterstützen.

Was dein Kind lernt, sind drei Schritte - nicht unsere drei Schritte von Vorbereitung, Training und Nachbereitung - sondern dein Kind geht von:

„Ich habe gepullert."
zu
„Ich pullere."
zu
„Ich muss mal."

Vergiss aber nie: dein Kind ist individuell! Ich versuche dir mit meinem Rat und Wissen eine Anleitung zu geben, darin bin ich Experte. Aber du bist der Experte für dein Kind. Das eine Kind ist super schnell und es klickt schon am ersten Tag, ein anderes braucht für jeden Schritt ein vielfaches der Zeit. Das ist okay!
Sollte also mal etwas nicht wie geplant laufen, bleib entspannt! Du und dein kleines Wunder, ihr kriegt das hin und ihr werdet sooo stolz sein!

Die Entwicklung bis heute

Die heute weit verbreitete Meinung, dass „das Kind entscheidet, wann es keine Windeln mehr will", da alles Andere Zwang und Gewalt an der Kinderseele sei, halte ich, gelinde gesagt, für Unsinn.

Übertragen wir das Ganze doch einmal in andere Bereiche:

- Kinder brauchen keine Schuhe anziehen, wenn sie nicht wollen. Sie werden schon selbst merken, dass es kalt ist, ihnen auf die Füße getreten wird und wie sich Scherben und Hundehaufen anfühlen.
- Nein, Kinder brauchen keine Zähne putzen, bis sie selbst dahinter kommen, dass sie schlechte Zähne bekommen.
- Und nein, Kinder brauchen nicht beigebracht bekommen, wie man Besteck benutzt. Sie finden es selbst irgendwann nicht mehr schön, mit den Fingern zu essen. Arielle und ihre Gabelhaarbürste lassen grüßen.

Nur weil wir als Eltern nicht so genau wissen „WIE?", können wir doch nicht einfach laufen lassen, bis das Kind in einen so hohen Leidensdruck gerät, um selbst etwas ändern zu wollen. Es weiß ja nicht einmal, was auf der anderen Seite wartet und warum das Unbekannte besser sein sollte, als das Einfache und das Gewohnte.

Wir als Eltern sind in der Verantwortung unsere Kinder nach bestem Wissen und Gewissen zu begleiten und ihnen alles beizubringen, was sie im

Leben brauchen. Die Windel-Krücke hat allerspätestens mit der vollständigen Entwicklung der Schließmuskeln (circa zwischen 18 und 24 Lebensmonate) ausgedient und ist danach zwar schön bequem, aber wenig förderlich für die Entwicklung eines Kindes.

Der Weg zu besagter heutiger Einstellung ist durchaus nachvollziehbar, wenn man kurz betrachtet, wie sich der Umgang mit dem Thema Kind und Windel entwickelt hat.

Noch in den 1920er Jahren wurden Kinder als kleine Erwachsene behandelt, die nicht Kind sein durften und bestraft wurden, wenn sie nicht so funktioniert haben, wie man es von ihnen erwartete. Nähere Studien zum damaligen Umgang mit dem Thema Windel gibt es leider nicht. Aber mangels Waschmaschine und besonderen hygienischen Hilfsmitteln, war der auf die Kinder ausgeübte Druck, schnell trocken und sauber zu werden, sicher enorm hoch.

Erste Erhebungen zum Töpfchentraining wurden dann in den 1950er Jahren vom Schweizer Kinderarzt Remo Largo, als Nebenerhebung einer Langzeitstudie zur kindlichen Entwicklung, durchgeführt.

In den 50er Jahren wurden laut dieser Erhebung 1/3 der Kinder bereits im ersten Lebenshalbjahr auf den

Topf gesetzt und drauf gelassen, bis etwas drin war. Mit 9 Monaten wurden bereits 2/3 auf den Topf gesetzt und zur Vollendung des ersten Lebensjahres waren es schon mehr als 90%. Man ging also davon aus, das frühes Training fruchtet und die Kinder bereits in der Lage sind, das geforderte Verhalten zu erlernen. Auch hier wurde bei Misserfolg immer noch sehr häufig mit Bestrafung gearbeitet. Das dies der zarten Kinderseele schadet brauchen wir hier nicht diskutieren.

Mit Erfindung der Wegwerfwindeln und der Massentauglichkeit der Waschmaschine, wurde der Leidensdruck der Eltern (!) und damit auch der Druck auf die Kinder enorm reduziert. Hier kam das Zeittraining in Mode, nach dem die Kinder zu bestimmten Zeiten (zum Beispiel nach dem Essen) und nach bestimmten Intervallen aufs Töpfchen gesetzt wurden. Dazwischen gab es die Wegwerfwindel. Begonnen wurde damit allerdings deutlich später, nämlich zwischen 18 und 24 Monaten.

Zu dieser Zeit (68er) kam auch der Gedanke auf, dass man Kindern mehr Raum geben muss und weder mit Belohnung noch mit Bestrafung an sie herantreten darf. Dadurch entwickelten sich nach und nach der immer spätere Beginn oder das vollständige Weglassen eines „Trainings".

Die gar nicht mehr so neue Elternbibel ‚Oje ich wachse‘ zeigt sehr genau auf, dass die Entwicklung eines Kindes einer exakten Sprungreihenfolge folgt. Jeder Entwicklungsschritt ist auf wenige Wochen genau datierbar und vorhersehbar. Das bedeutet nicht, dass sich alle Kinder im Gleichschritt entwickeln und alle gleichzeitig das Gleiche lernen. Aber die Fähigkeit, bestimmte Dinge erlernen zu können und sowohl körperlich als auch geistig für etwas bereit zu sein, ist bei allen Kindern gleich. Warum glaubt man dann, dass die „Töpfchenreife“ eine Spanne von mehreren Jahren umfasst? Man stößt heute auf Angaben von 12 Monaten bis hin zum fünften Lebensjahr. Erst hier wird der Besuch eines Arztes angeraten, weil das Kind nicht von alleine merkt, dass es keine Windeln braucht. Oje!

Inzwischen wird regelmäßig bei der Einschulung von 6 und 7-jährigen darauf hingewiesen, dass die Eltern für eventuell gebrauchte Wechselwäsche, PullUps, Feuchttücher und Ähnliches selbst verantwortlich sind, da die Schule dies nicht leisten kann. Wäre es ein Einzelfall, der eventuell mal ein Kind betrifft, würde es diesen allgemeinen Hinweis kaum geben. Es ist also inzwischen normal, dass Kinder in der Schule noch mit dem Thema trockene Hose zu kämpfen haben? Sollten sie sich nicht auf schulische Inhalte und soziales Lernen konzentrieren? Was macht es mit einem Kind, wenn es mit nasser Hose vor seinen Klassenkameraden steht?

Frühes Töpfchentraining im Sinne dieses Ratgebers, findet deshalb im Alter von 18 bis 24 Lebensmonaten statt, wenn das Kind einige wesentliche Entwicklungs-Schritte erreicht hat. Zur kindlichen Entwicklung und zu Timing und Reife für unser Töpfchentraining, kommen wir gleich.

Es nennt sich deshalb frühes Training, weil die weit verbreitete Wartemethode meist erst in einem Alter zwischen 2,5 und 4 Jahren gestartet wird und sich zum Teil über mehrere Monate oder sogar Jahre hinzieht.

Warum ist es so enorm wichtig diesen Lernschritt mit durchschnittlich 22 Monaten anzugehen?
Kinder lernen von klein auf am Erfolg. Sie wollen helfen, überall dabei sein und ihren Platz in der Gemeinschaft einnehmen. Sie wollen große Jungs und große Mädchen sein und sind stolz, wenn man sie so nennt und sie merken, dass sie etwas können. Der Schritt aus der Windel heraus macht es für das Kind erlebbar und deutlich, dass es jetzt kein Baby mehr ist und ist ein herausragender Erfolg für das eigene Selbstwertgefühl. Es überschlägt sich förmlich und gibt Antrieb und Raum für das weitere Erobern der Welt.

Wenn dieser Lernschritt ‚früh' abgeschlossen ist, gewinnt ein Kind Selbstbewusstsein und Unabhängigkeit und kann sich auf 1000 andere Dinge stürzen, die es in seiner Entwicklung und Reife voran bringen.

Natürlich existieren alle beschriebenen Methoden international bis heute. Von Bestrafung und Warten bis ‚das Kind selbst glaubt soweit zu sein', bis hin zu ‚ein- und zwei-Tages-Trainings' oder der Methode das Kind alle 15 Minuten aufs Klo zu schleppen, ist alles dabei. Es gibt zudem auch verschiedene windelfrei Methoden, die von Anfang an auf Windeln verzichten.

Ich möchte an dieser Stelle nicht anfangen alle Methoden einzeln zu erläutern und Vor- und Nachteile abzuwägen. Meines Erachtens nach orientieren sie sich die meisten Methoden jedoch vorrangig an den Bedürfnissen der Eltern und vernachlässigen die eigentliche Entwicklung und die Auswirkungen auf die Kinder.

Ich habe mich deshalb bei meiner Recherche, wohlgemerkt mit fundiertem pädagogischen Wissen, bewusst für die 3-Tage-Methode entschieden und diese ausgebaut, da dies in meinen Augen der kindgerechteste und erfolgreichste Weg ist, der ganz nebenbei auch noch die Eltern glücklich macht.

Information ist alles!

Mit dem Lesen dieses Buches, bist du bereits dabei dich mit dem Thema auseinanderzusetzen.

Informiere dich bitte auch über die anderen Methoden und entscheide selbst, was für dein Kind und für deine Familiensituation das Beste zu sein scheint.

Ich versuche dir mit meinem Rat und meinen Erfahrungen zur Seite zu stehen und freue mich auf deinen Erfahrungs- und Erfolgsbericht.

Nun aber genug der einleitenden Worte, denn schließlich willst du wissen:

„Wie kommt mein Kind erfolgreich und liebevoll aus der Windel aufs Töpfchen?"

Als erstes stürzen wir uns nun in ein bisschen Vorab-Theorie. Dieses Wissen ist wichtig, um dann die eigentliche Durchführung bestmöglich zu meistern.

Wenn dann theoretisch alles klar ist, geht es ans Eingemachte. Wir legen los mit der Vorbereitungsphase, machen dann weiter mit dem eigentlichen 3-Tage-Training und schauen uns natürlich auch noch an un wie es danach weiter geht und wie wir den großen Erfolg feiern und manifestieren.

Klingt simpel, ist es eigentlich auch - auch wenn es vorab wirkt, wie eine niemals endende To-Do-Liste. Aber keine Sorge, wir gehen alles Schritt für Schritt durch!

Zur Unterstützung habe ich ein **Ressourcenpaket** für dich und dein Kind zusammen gestellt. Mit dabei sind mehrere Ideen für **Übungscharts** für die Trainingstage sowie mehrere Seiten mit **Stickern** zum Ausdrucken (auf Sticker-Druckpapier). Du bekommst auch eine **Checkliste** für die Vorbereitung. Sie reicht von dem Moment in dem du das Buch fertig gelesen hast, bis zum Start des Trainings. Und außerdem sind für dein Kind noch ein paar **Ausmalseiten** aus dem Partner-Kinderbuch ‚Clara und ihr Töpfchen' mit dabei, um für Beschäftigung beim Training zu sorgen.

Du kannst dir die Ressourcen jetzt oder am Ende des Buches herunterladen:
https://www.gocrazyhappy.com/RessourcenTTB

Jetzt wünsche ich dir erstmal ganz viel Spaß beim Lesen und dann maximalen Erfolg bei der Umsetzung.

Deine Angela

EIN BISSCHEN PLANUNG UND THEORIE VORAB

Der beste Zeitpunkt für unser Töpfchentraining ist die Zeit zwischen dem 18 und 24 Lebensmonaten deines Kindes. Dies ist bei normal entwickelten Kindern (also Kindern, die keine gesundheitlichen oder entwicklungsbeeinflussenden Besonderheiten aufweisen) der Zeitpunkt, an dem die Muskulatur des Schließmuskels vollständig ausgeprägt ist und darauf wartet vom Kind aktiv genutzt zu werden.

Für den genauen Zeitpunkt sollten aber die folgenden Punkte, die ich im Anschluss näher beleuchte, berücksichtigt werden:

- Die individuelle Entwicklung des Kindes,
- Ereignisse in der Familie,
- die Jahreszeit,

- die frühkindliche Entwicklung und die beginnende Trotzphase,
- das Kennenlernen der eigenen Körpersignale,
- Selbständigkeit und Selbstbewusstsein,
- weniger Geld für Windeln
- und gesparte Nerven.

Die individuelle Entwicklung

Hier spielt, wie eben erwähnt, die konkrete Entwicklung und vor allem die individuelle gesundheitliche Vorgeschichte des Kindes eine große Rolle. Ein Kind, das einige Wochen zu früh zur Welt gekommen ist, bringt andere Vorraussetzungen mit, als eines das termingerecht war oder eines, das in jungem Alter bereits mit irgendeinem Gesundheitsthema zu kämpfen hatte.

Auch wenn der grundsätzliche Entwicklungsplan bei allen Kindern gleich ist, so hat doch jedes Kind sein ganz spezielles Drehbuch, das es zu berücksichtigen gilt. Mehr dazu gleich.

Ereignisse in der Familie

Das Training sollte verschoben werden, wenn gerade gravierende Veränderungen in der Familie stattfinden, wie etwa ein Umzug, oder die Geburt eines Geschwisterchens oder etwa der Verlust einer Bezugsperson. Das Töpfchentraining macht den Kindern Spaß, fordert aber dennoch eine große Lern- und Konzentrationsleistung von ihnen, was am Ende zu einem bahnbrechenden Entwicklungsschritt für dein Kind führt. Wenn seine kleine Welt gerade im Ungleichgewicht ist, kann es diese Leistung nicht so einfach vollbringen, wie es in Ruhe und Ausgeglichenheit der Fall wäre.

Der Fokus für diesen Entwicklungsschritt sollte also für eine gewisse Zeit auf dem Töpfchentraining und bei dem lernenden Kind liegen.

Die Jahreszeit

Und was hat das ganze nun mit dem Wetter zu tun?
Nun - das beste Setting für das Training ist, wenn das Kind nur in Shirt, Schlüpfer und ggf. Socken umherlaufen kann. So siehst du am schnellsten, wann es losgeht und kannst beim ersten Tropfen reagieren. Dein Kind kann zudem mit dem einfachsten Schritt anfangen, nämlich nur den Schlüpfer runter- und hochzuziehen, denn auch das ist absolutes Neuland.

Mit einer Hose darüber dauert es viel zu lange und die halbe oder sogar die ganze Ladung ist bereits draußen. Dies reduziert die Erfolgschancen für das Kind, es doch mal rechtzeitig zu schaffen. Das führt zu Frustration bei Kind und Eltern, vernichtet die vorher aufgebaute Motivation und verlängert unnötig den Prozess.

Zudem dürfen wir auch nicht außer Acht lassen, dass wir eine Nach-Lernphase haben! Denn auch wenn das Kind nach den drei Tagen genau weiß, was zu tun ist, braucht es noch einige Zeit, seinen Körper besser kennen zu lernen, um dann immer rechtzeitiger bescheid sagen zu können.

Wenn wir ein Kind, dass grade erst gelernt hat, wie das mit dem Töpfchen funktioniert, dann in einen Schneeanzug und fünf Lagen Kleidung stecken müssen, weil es draußen stürmt und schneit, sind reihenweise Unfälle vorprogrammiert und sorgen wieder für Frust auf beiden Seiten, im schlimmsten Fall sogar für Resignation beim Kind.

Um dies zu vermeiden, sollte das Training wenn möglich so im Kalender platziert werden, dass beim Training keine Hose (nur ein Schlüpfer) getragen werden und danach für einige Zeit eine einfache und leicht runterziehbare Hose, ausreicht.

Frühkindliche Entwicklung und beginnende Trotzphase

Ein weiterer wichtiger Punkt, warum der Zeitpunkt um die 22 Monate ideal ist, ist der Wechsel der Phasen in der Frühkindlichen Entwicklung.

Mit etwa 2,5 Jahren starten Kinder in die sagenumwobene Trotzphase. Hierbei handelt es sich eigentlich nicht um Trotz oder Aufmüpfigkeit, sondern um den Übergang aus einer Ich-bezogenen Welt in ein größeres Ganzes. Kinder lernen die Grenzen ihres Ichs kennen und erkennen, dass andere Menschen, wie Mama und Papa, nicht zum eigenen Ich gehören und eigene Bedürfnisse haben, die nicht immer mit denen des Kindes vereinbar sind. Ich bleibe im Folgenden beim Begriff der ‚Trotzphase‘, auch wenn dies, wie eben beschrieben nicht richtig ist, da es uns hier ausschließlich um die Abgrenzung geht. Der liebevolle und verständnisvolle Umgang mit dieser Phase soll hier aber nicht genauer beleuchtet werden.

Wichtig zu wissen für unser Töpfchentraining ist jedoch, dass bis zu diesem Zeitpunkt noch eine gewisse Selbstverständlichkeit im Kind vorherrscht, die es alles Neue mit Begeisterung aufsaugen lässt wie ein Schwamm.

Mit dem Kennenlernen der eigenen Grenzen und der

Anderer jedoch, fängt das Kind an, liebgewonnene Gewohnheiten zu beschützen und neue Aufgaben in Frage zu stellen. Denn es macht doch beim ersten Hinsehen so viel mehr Spaß weiterzuspielen, als auf den Topf zu gehen.

Kinder erkennen irgendwann den scheinbaren Vorteil, „einfach in die Windel zu machen". Spielen, Fernsehen oder Essen kann dann sehr viel interessanter sein und das Töpfchentraining wird zur Anstrengung für das Kind, weil es seine viel einfacheren und scheinbar angenehmeren Angewohnheiten ändern soll. Dies ist auch einer der möglichen Gründe, warum sich Kinder ab dem Übergang in besagte Trotzphase zum Teil weigern, den Topf oder die Toilette zu nutzen.

Das Kind sollte jedoch bewusst und mit viel Freude mitmachen wollen, ohne dass es vom Austesten der eigenen Grenzen und der Grenzen Anderer, abgelenkt ist.

Besseres und einfacheres Kennenlernen des eigenen Körpers und der Körpersignale.

Die moderne Windel ist inzwischen in der Lage große Mengen an Urin und auch die Flüssigkeit des großen Geschäfts aufzusaugen, sodass das Kind sich selbst sauber fühlt und sich zum Teil gar nicht bewusst ist wann etwas „in die Hose geht".

Auch wenn diese Windeln sicherlich von Vorteil sind, wenn es um Hautirritationen und Hygiene geht, sind sie doch wenig hilfreich für das Erlernen der eigenen Körperfunktionen.

Kinder haben von Anfang an ein Reinlichkeitsgefühl. Deshalb weinen sie, wenn die Windel voll ist. Meist sogar schon vorher, wenn sie merken, dass da etwas passiert, was sie nicht einordnen können.

Der ursprüngliche, angeborene Reflex bewirkt, dass wenn Druck, in Form von Kleidung(!), auf die Genitalien ausgeübt wird, Ausscheidungen zurück gehalten werden.

Durch das dauerhafte Tragen von Windeln, wird dieser Reflex abtrainiert und muss beim Weg von der Windel zum Töpfchen komplett neu erlernt werden.

Umso älter das Kind ist, umso höher ist der Grad der Gewohnheit. Das bedeutet, dass sich Kinder auch an das enge und warme Gefühl in der Windel gewöhnen und irgendwann der nackte, luftige Po und die Offenheit (also die fehlende Enge) zu Angst und Unwohlsein führen können. Resultat ist dann das Klammern an die Windelkrücke und damit die

Verweigerung aufs Töpfchen zu gehen. Fügt sich das Kind den Eltern und probiert es ohne Windel, kommt es oft Verstopfungen, da das Körpergefühl sagt „so kann ich das nicht".

Dadurch, dass wir unseren Kindern den Reflex abgewöhnt haben, merken viele Kinder am Anfang gar nicht, dass sie überhaupt müssen. Der verlernte Reflex bzw. die verlernte Körperwahrnehmung (denn es ist im medizinischen Sinne kein Reflex), müssen sie sich mit unserer Hilfe erst zurück erobern.

Diese Initialzündung, wird durch das 3-Tage-Training erreicht. Dafür ist es wichtig, dass sich die Kinder spüren können. Und damit auch, dass sie spüren können: „Ui, das ist nass und kalt. Das fühlt sich so und so an. Das mag ich nicht."

In den drei Tagen Töpfchentraining erlernen die Kinder, genau dieses Spüren zurück. Das dauert bei dem einen Kind einen halben Tag, das andere braucht dafür ggf. die vollen drei Tage.

Wenn wir uns aber an die im Folgenden beschriebenen Regeln zur Ruhe, gutem Zuspruch, Verständnis usw. halten, haben die Kinder die perfekte Gelegenheit dazu.

Selbständigkeit und Selbstbewusstsein

Die Auswirkungen des Erfolgserlebnisses für ein Kind, keine Windel mehr zu tragen und jetzt zu den Großen zu gehören sind unermesslich groß. Sie entwickeln ihr ganz eigenes Gefühl dafür, Dinge bewältigen zu können und übertragen die selbst erbrachte Leistung auf ihr weiteres Handeln. Sie gewinnen Selbständigkeit und eine riesige Portion Selbstbewusstsein, welches die Kinder weitertragen und sie bei allen kommenden Entwicklungsschritten unterstützt. Sie sind damit einen Riesenschritt näher an der Unabhängigkeit. Sie sind stolz und wachsen an ihrem Können.

Weniger Geld für Windeln

Es klingt erst einmal völlig banal oder sogar fehl am Platz, aber ein bis vier Jahre Windeln sind ein enormer Kostenfaktor.

Vom kürzeren Zeitraum der Windelnutzung einmal abgesehen, rate ich auch davon ab PullUps für die Trainingsphase zu benutzen. Dies ist gängig bei der Wartemethode, verwirrt aber das Kind nur zusätzlich. Es fallen also auch diese Kosten weg.

Die Vorteile für Natur und Nachhaltigkeit liegen auf der Hand.

Gesparte Nerven

Wenn wir schon beim Sparen sind, sind auch die eigenen Nerven ein Punkt, den wir nicht vernachlässigen sollten. Unser gemeinsamer Weg durch dieses Töpfchentraining braucht ein wenig Vorbereitung, ein paar Sprachmuster und dann drei ruhe- und schlaflose Tage und Nächte. Aber danach gewinnen auch wir Eltern sehr viel mehr Leichtigkeit und Gelassenheit, die dann wieder unseren Kindern zugute kommt.

Dem entgegen stehen ein monatelanger bis jahrelanger Kampf zwischen Windel, Topf und Wechselwäsche, mit ständigem Aufpassen und viel Frustration. Und auch die kommt auf beiden Seiten an.

ENTWICKLUNG & REIFEZEICHEN

Kognitive Reife

Natürlich sind manche Kinder (die zum Beispiel von Anfang an mit Mama und Papa aufs Klo gegangen sind) früher interessiert an der Toilette, der Spülung und dem was Mama und Papa da eigentlich machen. Und selbstverständlich sind einige Kinder Spätentwickler oder einfach sehr bequeme Gemüter, die wenig Lust auf Veränderung oder Dinge die ihnen gezeigt werden haben.

Die grundlegende Entwicklungsreife ist jedoch sehr klar auf das Fenster zwischen 18 und 24 Monaten einzugrenzen.

In der zweiten Hälfte des zweiten Lebensjahres reift der orbitofrontale Cortex, ein Bereich des vorderen Großhirns, weiter aus. Dies versetzt das Kind in die Lage, eine Vielzahl neuer Fähigkeiten zu erlernen.

Zu diesen Fähigkeiten gehören unter Anderem:

- Das Imitieren von Verhaltensweisen, das aus Büchern oder Videos erlernt wurde.
- Ein Verständnis für sich selbst und den eigenen Körper.
- Das Wissen um die Kontrolle über den eigenen Körper.
- Das Bedürfnis, Dinge selbst zu tun und das Wissen dies auch zu können.
- Das Bedürfnis nach Bestätigung des eigenen Ichs und dessen, was es schon kann.
- Nachspielen von Situationen, die das Kind beschäftigen.
- Genau zu wissen, wo bestimmte Dinge im Haus oder auf dem Weg zu finden sind.
- Es kann sich an frühere Erfahrungen und Ereignisse erinnern.
- Es wird sich zukünftiger Ereignisse bewusst.
- Bewusstere Kommunikation der eigenen Bedürfnisse.

All diese Fähigkeiten sind nicht nur essentiell, um den Lernschritt hin zum Töpfchen zu bewältigen. Der Neuerwerb macht auch den idealen Zeitpunkt aus, da das Entdecken dieser neuen Fähigkeiten auch einen enormen Grad an Motivation und Lust auf Neues mit sich bringt.

Körperliche Reife

In der selben Zeit, also zwischen dem 15 und 20 Lebensmonat, wird die Entwicklung des Schließmuskels und der dazu gehörenden Beckenbodenmuskulatur abgeschlossen.

Bereits ab dem ersten Geburtstag lässt sich mehr und mehr beobachten, dass das Kind wahrnimmt, wenn es eine volle Blase hat oder sich anderweitig entleeren muss. Es macht Geräusche und verzieht das Gesicht, im späteren Stadium sucht es sich eine ruhige Ecke und wird für einen Moment sehr still.

Das Kind erlernt mehr und mehr die eigenen Muskeln zu kontrollieren und damit die Entleerung von Blase und Darm zu steuern und für kurze Zeit herauszuzögern. Dazu gehört auch, die Wahrnehmung dessen, was im eigenen Körper passiert. Es lernt nach und nach die Abstufungen zu erkennen, wie stark der Druck ist und wie schnell es zur Toilette muss.

Die moderne Form heutiger Windeln, verzögert diesen Wahrnehmungsprozess, da sich die Windeln nicht mehr wirklich nass anfühlen. Das Kind kann die Verknüpfung zwischen dem Körpergefühl „da drückt was" und dem „jetzt ist da alles nass oder matschig" nicht herstellen.

Deshalb ist es umso wichtiger, entsprechend der o.g. Entwicklungszeichen, einen frühen Termin zu wählen und die Gewöhnung an die Bequemlichkeit nicht zu unterschätzen.

Zusätzlich zur muskulären Entwicklung ist zu bemerken, dass Kinder in diesem Alter normalerweise gelernt haben sicher zu laufen und auch motorisch in der Lage sind, ihre Hose selbst hoch und runter zu zeihen.

Sie sind also bereit für den großen Schritt heraus aus der Windel.

JUNGS VS. MÄDCHEN

Ganz kurz seien die kleinen aber feinen Unterschiede zwischen Jungen und Mädchen erwähnt.

Bei einem **Jungen** stellt sich zunächst die Frage, ob er im Sitzen oder im Stehen urinieren soll.

Im Sitzen ist es wichtig, ihm am Anfang zu zeigen, dass er den Penis nach unten ausrichten muss, damit der Urin im Topf landet und nicht nach oben herausspritzt. An irgendeinem Punkt wird es einen kleinen Unfall geben. Hier dann bitte nicht schimpfen, sondern noch einmal darauf hinweisen, dass das der Grund ist, warum er aufpassen soll.

Soll der Junge im Stehen urinieren, so muss er lernen selbständig zu zielen.

Ich ziehe das Pullern im Sitzen jedoch vor, da das Kind dann im ersten Schritt keine Unterscheidung machen muss und der Toilettengang somit weniger Lernschritte beinhaltet. Die Stehvariante kann dann bei Bedarf später hinzugefügt werden.

Am Ende sollte ein Stück Toilettenpapier gereicht werden zum Abtupfen des letzten Tropfens, damit dieser nicht in der Hose landet und unangenehme Gerüche erzeugt.

Bei einem **Mädchen** ist zu beachten, dass es beim Urinieren (besonders wenn es sehr dringend ist) ein Sprayeffekt auftreten kann, da die Schamlippen den Urinstrahl ablenken können. Hier muss dann individuell geschaut werden, ob die Sitzhaltung geändert werden kann, oder ob die Schamlippen (zum Beispiel durch Schwitzen) zusammenkleben und vor dem Pullern gelockert werden müssen.

Zudem müssen Mädchen lernen, sich richtig sauber zu machen. Hier soll immer von vorn nach hinten gewischt werden, damit keine Verunreinigungen vom After zur Scheide gelangen können.

Am Anfang empfiehlt es sich außerdem, auf Kleider und Röcke zu verzichten. Das Erlernen des Toilettenganges ist ohnehin schon eine herausragende Leistung, die wir dem Kind nicht noch unnötig schwerer machen sollten.

Abgesehen davon, brauchst du dir über Unterschiede keine Gedanken machen.

LOB & BELOHNUNGEN

Belohnungen sind, genau wie Bestrafungen, eine schwierige Angelegenheit. Denn wir wollen unsere Kinder ja nicht dressieren oder, wie es in der Pädagogik heißt, konditionieren, um ihnen ein von uns gewünschtes Verhalten aufzuzwingen. Wir wollen, dass sie stolz auf sich selbst sind, dass sie das, was sie tun, in erster Linie für sich selbst tun, weil sie Freude daran haben.

Wie können wir unser Kind also am besten dabei unterstützen?

Mit unserem Lob und unserem Stolz auf die neue Errungenschaft unseres Kindes, dürfen wir unser Kind gern überschütten. Wie den ersten Schritt oder das erste Wort, feiern wir auch jeden kleinen Schritt auf dem Weg zum sauber und trocken werden.

Das ist ganz am Anfang das Bescheid sagen, auch wenn die Hose schon längst nass ist. Egal. Das Kind macht eifrig mit und sagt Bescheid - toll!

Danach merkt das Kind, dass es pullert und kann es in dem Moment sagen. Großartig!

Als Nächstes ist es das auf den Topf schaffen, mit nur ein paar verlorenen Tröpfchen und irgendwann das rechtzeitige Bescheid geben oder die erste große Ladung im Topf.

Beim ersten Lesen oder der ersten Beschäftigung mit dem Thema denkt man noch „Okay, ich muss dann viel loben!" und kommt sich eigentlich doof bei dem Gedanken vor. Aber während man seinen kleinen Engel dann dabei begleitet, jeden kleinen Schritt auf dem Weg zum Topf zu erlernen, tanzt man auf einmal jubelnd und strahlend durchs Badezimmer.

Und das ist genau das, was unsere kleinen, großen Kinder brauchen. Auch ein Anruf bei Papa oder Oma, mit einem stolzen „Weißt du, was unser großes Mädchen/ unser großer Junge heute geübt hat?!", stärkt das Selbstbewusstsein und die Lust zum weitermachen und noch mehr lernen.

Wichtig ist jedoch, dass es nicht um die Leistung geht! Natürlich ist das große Ziel trocken zu werden und die Windeln los zu sein. Dennoch sehen wir über die Pannen auf dem Weg mit rosaroter Brille hinweg. **Alles was zählt, ist einzig und allein das Bemühen und Mitmachen, das Wollen und Kämpfen des Kindes.**

Sticker

Ein zweiter Baustein der Motivation sind StickerCharts. Diese geben zum einen kurzweilige Beschäftigung mit der Sache und visualisieren die Ziele auf kindgerechte Weise. Zudem lieben Kinder Sticker und haben dadurch zusätzlich Spass an ihrem ohnehin herausragenden Tun.

Über die Optik der Vordrucke läßt sich streiten, da man hier wohl selten den Geschmack der breiten Masse trifft. Auch ich habe dir ein paar Beispiele in den Ressourcen Download gepackt, die du als Anregung nutzen oder auch gerne so verwenden kannst.

Wir haben unsere StickerCharts einfach selbst gemalt, ganz schlicht und ohne jegliche künstlerische Begabung. Aber die ist auch nicht wichtig. Das gemeinsame Erstellen und dabei noch einmal zu erklären: „Wenn was im Töpfchen ist, kannst du hier einen Sticker aufkleben. Nach dem Hände waschen, hier und beim Hose hoch und runter ziehen, hier.", ist wichtig.

Und am Ende des Tages sieht man z.B.: „Mensch, morgen üben wir mal ganz viel Hose runter und hoch ziehen! Da sind ja heut noch gar keine Sticker gewesen! Morgen kriegen wir das hin!"
Die Kinder haben erstaunlich viel Spass daran, ihre eigenen Erfolge auszuwerten und natürlich dabei, ihre Sticker zu bewundern.

Am dritten Tag kann dann, je nach bisherigem Verlauf, der Gesamtprozess als eine Stickerreihe hinzugenommen werden. Also „Töppi voll - Hose alleine runter und hoch - Spülen" zum Beispiel.

Die Sticker gibt es als Überraschung am ersten Tag oder jeweils morgens an den drei Trainingstagen vorab. Sie werden dann nach jedem Toilettengang entsprechend aufgeklebt. Sei auf jeden Fall großzügig mit den Stickern! Dein Kind ist stolz und fühlt sich auf dem richtigen Weg.

Die StickerCharts kann man zudem vielseitig nutzen:

So sind sie an den Trainingstagen selbst Begleiter und Beschäftigung in einem. Am Abend, wenn z.B. Papa nach Hause kommt können sie gezeigt werden und es regnet wieder eine Ladung Lob für das stolze, große Kind, das berichten darf, was es alles gemacht hat. Wir haben die drei Blätter am Ende laminiert und sie waren auch Monate danach noch bewundernswert und lösen im Kind immer wieder das stolze Gefühl aus, das es hatte, als es die Sticker bekommen hat und aufkleben durfte. Dieses Gefühl ist, als Ausgleich für die kleinen Unfälle hier und da, ungemein wichtig.

Kleine Geschenke

Bereits in der Zeit der Vorbereitung läßt sich bei den meisten Kindern ausloten, was sie sich wünschen. Wenn der Kleine Bär im Kinderbuch ein Buch auf dem Töpfchen ließt, kann man das Kind fragen, ob es das auch gern tun möchte. So haben wir zum Beispiel die zu der Zeit verfügbaren anderen drei Bücher vom Kleinen Bären besorgt und als kleine Belohnung bzw. als Lektüre auf dem Topf einfließen lassen.

Es können aber auch kleine (!) Püppchen oder Autos sein, ein Ball oder ein Malbuch. Wichtig ist, dass sich das Kind im Anschluss damit beschäftigen kann und die Sachen auch stolz präsentieren kann, wenn sich die Gelegenheit bietet.

Abraten würde ich generell von Süßigkeiten als Belohnung.

Lob, Sticker und kleine Geschenke sind dafür da, die Motivation des Kindes zu pushen und ihm über besagte kleine Unfälle hier und da hinwegzuhelfen. Es wird dafür belohnt, dass es toll mitmacht und lernen will, dafür dass es das Kind immer wieder versucht und nicht aufgibt. Für jede noch so kleine Sache, wie „selbst ans Hände waschen denken" oder schonmal die Hand an der Hose zu haben, um diese herunterzuziehen. Einfach alles, was dem Kind das glückliche Gefühl gibt „ich mach hier grad alles richtig und ich mache das toll!".

Große Geschenke

Zusätzlich sollten zwei bis drei „größere" Geschenke bereit stehen. Diese sind dann doch für die Erfolge an sich. So gab es bei uns eine Stoffpuppe zum Kuscheln, als unser Sohn es das erste Mal geschafft hatte bescheid zu sagen, aufs Töpfchen ins Bad zu gehen und dann 21,22,23 ohne jeden Unfall die volle Ladung Pipi in den Topf gemacht hat. Was für eine Party!

Zudem hatten wir, in einem weiteren Buch eine Belohnung gesehen, die der Junge in dem Buch bekommen hatte. Ein Krankenwagen mit Sirene.

Den gab es dann nach Abschluss der drei Tage, am nächsten Morgen zum Frühstück. Das stolze Glänzen in den Augen deines Kindes ist unbezahlbar.

SCHRITT 1 – VORBEREITUNG

Um die eigentlichen Trainingstage fokussiert absolvieren zu können, braucht es ein wenig Planung und Vorbereitung.

Hierbei geht es um Ess- und Trinkgewohnheiten, Einkauf von Unterhosen und Unterlagen für das Bett und natürlich kleinen und großen Belohnungen. Sowie die Vorbereitung des Kindes auf das kommende Training.

Vorbereitetes Essen und zeitliche Freiheit für die Tage sowie das Einbeziehen von eventuell anwesenden anderen Personen und das verplanen von Geschwistern.

Es sollte keinesfalls ein „wir machen jetzt einfach mal" werden, sondern **die Durchführung eines gut durchdachten Planes.**

Strategische Planung macht das Leben leichter. Klares Ziel ist es, dass das Kind von sich aus wählt, lieber die Toilette als die Windel zu benutzen und dadurch den Willen hat, dies mit dir gemeinsam umzusetzen.

Vorteilhaft ist, wenn das Kind nur in Unterhosen herumlaufen kann und du dir keine Sorgen um Unfälle, die am Anfang mit Sicherheit passieren werden, machen musst. Das Ziel des Trainings ist es, diese Unfälle auf ein Minimum zu reduzieren.

Generell ist die Vorbereitung ein sehr wichtiger Schritt, damit du am Tag des Tages auf den du dann so lange hin gearbeitet hast, nicht in die Verlegenheit kommst wie ein wildes Hühnchen durch die Gegend zu rennen. Die Suche nach hier einem Tuch und da einem Lappen löst bei dir ungewollt Stress aus und dieser Stress überträgt sich auf dein Kind. Umso ruhiger und entspannter du durch den ganzen Tag gehst, umso ruhiger und entspannter ist auch dein Kind.

Vorbereitung des Kindes

Je nach dem, wann das eigentliche Training angesetzt wird, sollte bereits in einem Zeitraum von circa vier bis sechs Monaten vorher, mit der Vorbereitung des Kindes angefangen werden.

Zunächst solltest du anfangen Bücher zum Thema vorzulesen.

 *Das passende Kinderbuch, zu diesem Ratgeber, findest du am Ende des Buches.*

Kinder suchen nach Modellen, bei denen sie sich etwas abschauen können. Das sind natürlich zu allererst die Eltern, aber grade auch Figuren aus Kinderbüchern, die mit ähnlichen Themen beschäftigt sind, wie sie selbst. Sie werden als Modell verinnerlicht und helfen den Kindern dabei, sich an die eigenen Ängste und Aufgaben heranzutrauen. Sie geben ihnen Strategien, um diese zu bewältigen.

In einem zweiten Schritt solltest du, sobald, und nur wenn (!), du selbst die Anzeichen erkennst, nachfragen: Pullerst du grade? Bist du beim 'kackern'? Letzteres ist offensichtlicher und einfacher zu erkennen. Beim Pullern solltest du dir wirklich sicher sein, denn es geht darum, beim Kind die Wahrnehmung zu schärfen: „Oh, da passiert grad was in meinem Bauch bzw. in meiner Hose!". Wenn die Frage einfach in den Raum geworfen wird, ohne dass das Kind pullert, kann diese Wahrnehmung nicht verknüpft werden. Die Frage ist dann sinnlos und verwirrt das Kind zunehmend. Falls du es gar nicht erkennst oder dir unsicher bist, lass diesen Schritt im Zweifelsfall lieber weg.

Des Weiteren fangen Kinder in diesem Alter an, sich dafür zu interessieren, was in der Windel drin ist und durchaus auch bescheid zu sagen, wenn die Windel voll ist.

Mache lächelnd (!) die Anmerkung „Puh, das stinkt!" oder halte dir grinsend die Nase dazu zu. Es soll dabei kein Ekel rüberkommen, sondern einfach nur eine spielerische Beschäftigung mit dem Thema. Die meisten Kinder finden es äußerst amüsant, wenn Mama und Papa eine Grimasse schneiden und komische Geräusche dazu machen.

Als nächsten kommt dann der beiläufige Satz hinzu „Wenn wir die Windel erst mal los sind! Haha! Das wird toll!". Dieser Satz sollte, gerne in Variation, immer wieder mal fallen. Dadurch erwecken wir eine erste Vorfreude, auf das Leben nach der Windel.

Nun solltest du ein Töpfchen anschaffen. Auch dies wird bereits in einem der Bücher vorbereitet und erzeugt dadurch große Freude, da dein Kind ja jetzt auch endlich ein Töpfchen hat. Stell das Töpfchen, nach dem ersten gemeinsamen anschauen, ins Bad. Dein Kind hat eine Idee und ist neugierig. Es wird sich in seinem eigenen Tempo damit befassen. Manche Kinder wollen es gleich ausprobieren, setzen sich mit oder ohne Hose drauf. Manche Kinder klappen tagelang einfach nur den Deckel auf und zu oder klettern drauf.

Lass dein Kind einfach machen. Zufallserfolge sind großartig. Fange aber auf keinen Fall an, ständig zu fragen, ob sich das Kind auf den Topf setzen möchte, oder es einmal probieren möchte. Das Töpfchen ist einfach da, mehr nicht.

Das Einzige worauf du achten solltest, ist, dass von Anfang an konsequent zwei Regeln eingehalten werden:

1. Wir fassen nicht ins Klo!

Auch wenn das Töpfchen nagelneu und unbenutzt ist, egal! Um späteres Spielen mit dem Inhalt oder den Griff in das große Klo zu vermeiden, sollte diese Regel von Anfang an ohne Ausnahme bestehen.

2. Es wird nichts ins Töpfchen reingeworfen!

Trotzdem wir uns mit dem Kind gemeinsam damit befassen, dass die Pipi und die Kaka nun bald ins Töpfchen sollen, ist es wichtig, dass nichts in den Topf hineingetan wird. Kinder haben meistens Spielsachen in der Hand, auch beim Weg auf den Topf. Wenn sie vorher etwas hineinwerfen durften, werden sie mit sehr großer Sicherheit wissen wollen, was passiert, wenn schon was drin ist und dann das Spielzeug dazu kommt. Bei aller Party rund um den Akt - Spielzeug rausfischen und reinigen sollte dabei ausgelassen werden.

Als nächstes wird der vorher eingeführte Satz „Wenn wir die Windel erst mal los sind! Haha! Das wird toll!" ergänzt durch die Frage „Und weißt du was wir dann machen? … 'Schlüppies' kaufen!"

In diesem Alter sind die Kinder soweit, diese Aussage einordnen zu können. Sie waren oft genug mit im Supermarkt und wollten etwas haben und haben im Buch schon gesehen, dass Unterhosen besser sind und nicht beim Spielen stören, wie eine Windel.

Daraus machst du ein kleines Frage-Spiel: „Welche Farbe sollen deine 'Schlüppies' haben? Und was soll drauf sein? Autos? Prinzessinnen? Hunde?". Beende das Ganze aber auf jeden Fall mit dem Satz „Na, wir schauen mal, was es gibt und DU suchst dir dann selbst welche aus!".

Das Ganze erzeugt weitere Vorfreude auf das Training und macht das Verlangen danach Große-Kinder-Unterwäsche zu bekommen und tragen zu dürfen groß. Der Abschlusssatz soll verhindern, dass sich dein Kind auf ein Motiv oder eine Farbe versteift, die es am Ende gar nicht zu kaufen gibt. Die Enttäuschung darüber kann zu kompletter Verweigerung führen und damit alle Vorbereitung zunichte machen.

Wenn dein Kind bis hierher nicht schon so motiviert

ist, dass es von alleine ‚Schlüppies kaufen' gehen will oder Training machen will, kannst du gelegentlich mal nachfragen. Zum Beispiel wenn ihr grad wieder eines der Bücher in den Händen habt: „Hast du Lust, bald Töpfchentraining zu machen?" oder „Hast du Lust bald 'Schlüppies' kaufen zu gehen?". Die meisten Kinder antworten mit einem freudigen „Ja!".

Eine Woche vorher beginnt die heiße Phase. Nun solltest du jeden Tag begeistert fragen „Weißt du was wir nächste Woche / in ein paar Tagen / morgen machen? ... Töpfchentraining! Yeah! ... Hast du Lust?", „Morgen gehen wir 'Schlüppies' kaufen! Und die waschen wir dann und dann gehts am nächsten Tag los!".

Sei begeistert. Freu dich mit deinem Kind zusammen auf den großen Schritt, den ihr in den nächsten Tagen zusammen gehen werdet. JA, es wird sauanstrengend! Aber es wird auch toll, wenn es geschafft ist!

Einen Tag vorher gehst du morgens (!) mit deinem Kind gemeinsam Unterhosen kaufen, draußen in der Welt, nicht online! Einige Kinder kriegen an dieser Stelle kalte Füße und wollen plötzlich nicht mehr los, obwohl sie sich bis eben noch unendlich gefreut haben. Lass dich davon nicht irritieren.

Dein Zeitplan sollte für diesen Tag ohnehin locker sein, sodass du zunächst einen Besuch auf dem Spielplatz oder in der Eisdiele einschieben kannst. Danach sind die Kinder wieder in der Spur und ziehen freudig mit.

Das 'Schlüppikaufen' selbst, braucht ein bisschen Fingerspitzengefühl deinerseits. Zunächst haben wenige Kinder die Geduld länger als eine Minute vor dem Regal zu stehen und wirklich mit auszusuchen. Lass dein Kind aber auf jeden Fall aus dem Buggy, zeig ihm alles, versuch seine Meinung einzufangen. Am Ende hilft dann aber meist die Frage, „Darf Mama dann für dich aussuchen?".

Es geht alles in Allem darum das Einkaufen der langersehnten 'Schlüppies' ein klein wenig zu zelebrieren. Wir haben das Kind über Wochen darauf vorbereitet, wenn es nun in einer Minute erledigt ist, wirkt es auf das Kind wertlos. Aber schimpfe auf keinen Fall, falls dein Kind nicht mitmacht. Das ist nicht schlimm und läßt sich schwer steuern. Wichtig ist, dass du die Stimmung oben hältst. Nach dem Bezahlen gib deinem Kind die neue Errungenschaft in die Hand. Das Interesse verfliegt nach einigen Minuten, aber die Wirkung bleibt.

Zu Hause angekommen, packst du **gemeinsam** mit deinem Kind alles aus, füllst die Waschmaschine und den Trockner oder den Wäscheständer und schürst noch ein wenig die Vorfreude. Dein Kind freut sich, wenn es mitmachen und helfen darf, also beziehe es gern bei allen Schritten mit ein.

TIP: Schneide die Schilder aus den neuen Unterhosen heraus. Die nerven, gerade bei den Kleinen, ungemein beim ständigen An- und Ausziehen und sie killern oder pieksen am Po. Das Gefühl ist für das Kind ohnehin schon komisch bei der Umstellung von Windel zu Unterhose. Da sollte nichts zusätzlich stören.

Was noch ...

Wichtig ist, dass ihr euch in dieser Zeit, also in den vier bis sechs Monaten vor dem Training, auch **rechtzeitig vom nächtlichen Stillen und von Einschlafmahlzeiten verabschiedet**. Die Flüssigkeitszufuhr am Abend und in der Nacht, machen es dem Kind unmöglich, durch die Nacht zu kommen, ohne auf Toilette zu müssen. Damit sind Unfälle und Frust vorprogrammiert.

Falls dein Kind bisher in einem Schlafsack geschlafen hat, wird es auch hier Zeit, auf einen **Pyjama** (zweiteilig!) umzustellen. Das Ziel ist es, dass dein Kind selbständig auf den Topf gehen lernt.

Das kann nicht funktionieren, wenn es nicht alleine aufstehen und laufen kann.

Ich rate dringend davon ab, in der Nacht ‚vorerst‘ noch Windeln zu benutzen, da dies das Kind unendlich verwirrt und es seine neu wieder antrainierten Wahrnehmungen und ‚Reflexe‘ zwischenzeitlich einfach wieder vergessen soll.
Dies macht weder für den Kopf noch für den Körper deines Kindes Sinn und wird all eure Anstrengungen zunichte machen.

Deine eigene Vorbereitung

Deine eigene Vorbereitung fängt natürlich erstmal mit der Planung an. Im Ressourcen Download dieses Buches findest du eine Checkliste, die dich aktiv dabei unterstützt, nichts zu vergessen und alles Schritt für Schritt erfolgreich vorzubereiten.

Zu deiner Vorbereitung gehört als aller erstes die zeitliche Planung. Wann soll das eigentliche Training stattfinden? Trage dir auf jeden Fall die drei Tage für das Training in den Kalender ein und den Tag davor fürs Einkaufen und letzte Vorbereitungen. Je nach dem, wie du sonst so planst, kannst du dir für die einzelnen Schritte oder Erledigungen Reminder setzen, oder du hängst dir deine Planung einfach an die Wand und arbeitest sie ab.

Hauptsache ist, dass dir an den Trainingstagen nichts anderes in die Quere kommt. Du brauchst alle Zeit und den vollen Fokus auf dein Kind. Die Tage danach sollten, wenn irgendwie machbar, ruhig gestaltet werden, damit dein Kind sich an das neu Erlernte, aber auch an die neue Aufgabe gewöhnen und sie perfektionieren kann.

Natürlich lässt sich das Ganze an einem langen Wochenende machen, soweit die Kita danach mitzieht und mit dem Kind weiter übt. Aber bedenken wir doch einmal, welch ein einschneidendes Ereignis das Ganze für unser Kind ist. Und machen wir uns nichts vor, egal wie toll unser Kind in der Kita betreut wird, die Erzieher haben nicht den gleichen Fokus auf das einzelne Kind, wie du das als Mama hast. Sie können sich im Regelbetrieb weder an Sprachmuster, noch an eure häuslichen Routinen anpassen.

Von daher ist eine Planung vorteilhaft, bei der du dein Kind auch in den Wochen danach begleiten kannst, ihm die Ruhe und Gleichmäßigkeit geben kannst, die es von dir kennt. Ein Szenenwechsel macht es dem Kind unnötig schwer, das neu Gelernte tief zu verinnerlichen. Am besten ist es, wenn du zum Zeitpunkt des Trainings noch in Elternzeit bist und deine Tage entspannt und ohne Zeitdruck planen kannst. Wenn du schon wieder im Job bist, nimm dir am besten Urlaub. Auch wenn die Trainingstage an sich stressig werden, wirst du danach die Zeit mit deinem Kind genießen können und stolz und begeistert staunen, wie schnell sich alles entwickelt.

Wichtig bei deiner Planung ist auch, wie du, soweit vorhanden, den Rest der Familie unterbringst. Wenn das Training im Sommer stattfindet, können größere Kinder Ferien bei den Großeltern machen oder mit Papa Zelten fahren. Bist du alleine für weitere Kinder zuständig, versuch dir zumindest für die drei Tage Hilfe zu organisieren, die dein großes Kind zum Beispiel mit zur Schule oder mit zum Sportverein nehmen können.

Kleinere Kinder oder ein größeres Kleinkind, ist sonst ggf. dabei und wird mit einbezogen. Hauptsache dein Fokus ist immer beim Trainings-Kind. Du darfst es nicht aus den Augen lassen und es muss die ganzen drei Tage ununterbrochen an deinem Rockzipfel kleben oder du an seinem, wie mans nimmt.

Geschwisterkinder sollen sich natürlich in dieser Zeit nicht zurückgesetzt fühlen. Erkläre ihnen was grad passiert. Größere freuen sich ggf. zu helfen, kleinere kriegen vielleicht schon Lust auf ihren eigenen Windelabschied.

Eventuell kannst du auch jemanden zur Hilfe holen.

Bei meinem Sohn hat mich meine Mama unterstützt. Ich habe ihr vorher erklärt, was wichtig ist und worauf zu achten ist und dann konnten wir uns den Fokus auf's Kind ein wenig aufteilen. Das entlastet enorm!

Bedenke bei deiner Planung auch, was als nächstes in eurem Kalender ansteht. Wenn drei Wochen nach dem Training die Kitaeingewöhnung, ein Umzug oder die Einschulung der großen Schwester stattfinden soll, ist das für ein Kind zu viel Veränderung. Versuche alles zu entzerren und so viel Raum und Zeit wie irgend möglich für euch zu schaffen. Dann z.B. lieber ein paar Wochen vorziehen, denn auch die große Schwester braucht dann viel Aufmerksamkeit und Unterstützung als neues Schulkind. ;)

Bereite Essen vor und kaufe genügend ein, sodass du nicht einkaufen gehen musst in der Trainingszeit. Ausflüge in den Supermarkt schafft dein Kind am Anfang definitiv noch nicht. Sprich gegebenenfalls mit Freunden oder Nachbarn ab, dass diese dir im Notfall etwas Fehlendes besorgen können. Koche vor oder frier dir Essen ein, sodass du die geringst mögliche Zeit mit anderen Dingen als deinem Kind zu tun hast.

Kaufe auch alles andere für den täglichen Bedarf ausreichend im Voraus ein, denn direkt nach dem

Training sind noch keine langen Shoppingtouren mit deinem Kind möglich. Deshalb fülle vorher alles auf, was du regelmäßig brauchst. Denke vor allem an Getränke, Hygieneartikel, wie Feuchttücher, feuchte Putztücher, Küchenrolle (für eventuelle Unfälle) und Waschmittel.

Für den Windeleinkauf versuche bis zum Training so zu planen, dass du nicht zwei volle Packungen zu Hause liegen hast, die dann nicht mehr gebraucht werden.

Drei bis vier Wochen vor dem Training solltest du dir Moltonunterlagen besorgen. Zum einem für das Kinderbett und zum Anderen auch für dein Bett. Wenn das Kind regulär in seinem eigenen Bett schläft, reicht für das Elternbett eine Unterlage. Bei größeren Bedenken, kann man am Schlafplatz des Kindes eine zweite Auflage oben drauf legen. Die Kinder lernen sehr schnell, dass sie zunächst zur Sicherheit ihr kleines weißes Deckchen haben. Das hilft auch auf der Couch und auf dem Stuhl am Tisch. Moltonunterlagen sind teuer. Das Notfalldeckchen darf also wandern. Es wird fast nie gebraucht, gibt aber sowohl den Eltern, als auch den Kindern Sicherheit und Ruhe. Für das Kinderbett empfehle ich zwei Unterlagen, die man direkt auf die Matratze und unter das Laken macht und zusätzlich drei Auflagen die man auf das Laken legen kann. Wenn doch ein

Unfall passiert, braucht man nur die Auflage tauschen und das Bett ist gemacht. In den Sommermonaten kann man sogar die Bettdecke weglassen, sodass der Aufwand im Falle des Falles minimal ist und das Kind sich schnell wieder in sein Bettchen kuscheln kann.

Die ganzen Auflagen solltest du rechtzeitig waschen und kannst das Bettenmachen dann für den Tag vor dem Training auf's Programm setzen.

Wenn es losgeht, macht es das Leben deutlich leichter, wenn du überall alles griffbereit hast. Das bedeutet, dass sowohl im Wohnzimmer, in der Spiele Ecke, aber auch im Schlafzimmer Feuchttücher und Utensilien bereit liegen, die gebraucht werden falls doch ein Unfall passiert. Diese Utensilien sollten auch direkt am Töpfchen bereit liegen. Denn viele Unfälle werden passieren, wenn das Kind gerade dabei ist auf den Topf zu gehen.

Bereite dich seelisch und moralisch auf drei harte Tage vor, in denen du keine Minute für dich hast, weil dein Kind allen Fokus von dir braucht. Stelle dich darauf ein, dass du zumindest für diese drei Tage einiges in deinem gewohnten Tagesablauf ändern musst. Falls du viel fern siehst oder vor dem Computer sitzt, wirst du dies in den drei Tagen nicht können. Falls du häufig Tablet oder Handy in der

Hand hast, wird das in den drei Tagen nicht möglich sein. All dein Fokus und all deine Aufmerksamkeit gelten deinem Kind und eurem gemeinsamen Töpfchentraining.

Stelle dich auch darauf ein, dass wahrscheinlich dein Ammenschlaf aus der Neugeborenenzeit für einige Tage zurück kommt. Besonders in den ersten Tagen, achtest du automatisch darauf, wann dein Kind seine Wachphasen hat und ob du es noch einmal auf den Topf setzen musst oder nicht. Vielleicht ist es die Furcht vor dem nassen Bett. Die verfliegt aber ganz schnell wieder.

Alles in allem darfst du dich darauf einstellen, verdammt müde zu sein. Aber das ist das kleine Wunder wert!

SCHRITT 2 – DIE 3-TAGE-METHODE AKA. 3 TAGE WACH

TAG EINS

Am Morgen des ersten Tages steht ihr auf wie immer und folgt eurer Morgenroutine (Windel, Zähne putzen, Fläschchen oder Stillen usw.). Beim Guten-Morgen-Sagen kannst du dein Kind schon das erste Mal anstrahlen und fragen „Weißt du was wir heute machen?!". Wenn du die letzten Wochen und vor allem die Tage vor dem Training genutzt hast, um dein Kind für das Training zu begeistern, wie zuvor beschrieben, wird es voller Vorfreude zurück strahlen und sagen „Töpfchentraining!".

Erkläre deinem Kind, was ihr vor habt und was der nächste Schritt ist. Sage ihm, dass ihr jetzt erstmal ganz in Ruhe Frühstück esst, du ihm danach alles erklärst und ihr dann die tollen neuen 'Schlüppies' anzieht und loslegt.

Es ist soweit! Wir legen los!

Erkläre deinem Kind, dass du den ganzen Tag an seiner Seite sein wirst, dass ihr zusammen spielt und malt und mal schaut, was euch noch so einfällt. Sprich nur vom heutigen Tag, eine größere Zeitspanne kann dein Kind noch nicht erfassen. Sage ihm „Wann immer du merkst, dass du pullern oder kackern musst, sagst du mir bescheid. Dann laufen wir wie der Wind aufs Töpfchen."

Dann zieht ihr die letzte Windel aus, begleitet von „Nie wieder Windeln! Yeah! Man bist du ein großer Junge/großes Mädchen!", zieht einen tollen, neuen 'Schlüppie' nach Wahl des Kindes an. Gemeinsam geht ihr alle übrig gebliebenen Windeln holen und werft sie in den Müll! „Tschüss Windel! Ich bin jetzt groooß!"

Und dann macht ihr das, was ihr besprochen habt. Spielen, malen, Bücher lesen, toben, Lego ... versorge dein Kind dabei die ganze Zeit mit Trinken, biete ihm immer wieder etwas an. Es muss viel Flüssigkeit zu sich nehmen, um viele Chancen zum üben zu bekommen. Auch wenn du sonst nur Wasser und Tee verabreicht hast, nutze für das Training verdünnte Fruchtsäfte oder Schorlen. Kinder lieben kleine Trinkpäckchen und ja, auch CapriSun ist in so einer besonderen Zeit okay.

Bitte keinen Orangensaft geben. Auch in diesem Alter kommt es häufig noch zu einem wunden Po und der kann während des Trainings sehr unangenehm für das Kind sein, da ihr häufiger an den Po ran müßt als sonst.

Gestalte gemeinsam mit deinem Kind die Stickerkarte (siehe Kapitel Belohnungen und Ressourcen) und sei großzügig beim Vergeben der Sticker.

Das Töpfchen sollte für den Anfang zentral dort stehen, wo ihr euch aufhaltet, also bei den meisten im Wohnzimmer. Schleppe es aber nicht durch die Wohnung oder durch das Haus. Ein fester Platz ist wichtig zur Orientierung, damit dein Kind nicht erst überlegen muss, wo es hinlaufen muss. In den zwei Sekunden wird es sonst schon zu spät sein.

Erinnere dein Kind immer und immer wieder daran, dass es dir Bescheid geben soll, wenn es muss (ca. alle 15 Minuten). Man kommt sich bereits nach den ersten drei Malen komisch vor, aber diese Erinnerung ist enorm wichtig für dein Kind. Selbst wenn es dir nicht antwortet (das ist gar nicht schlimm), hältst du für dein Kind den Fokus bei der Sache, denn dafür ist dein Kind zu klein, es kann sich noch nicht drei Tage lang oder auch nur wenige Stunden auf ein Thema konzentrieren.

Zum Anderen bleibt so die Kontrolle beim Kind. Es sagt selbst Bescheid, weil es ist ja schon groß. Dieses Gefühl von Kontrolle ist enorm wichtig, da mit der Kontrolle über den Vorgang auch ein Verantwortungsgefühl dafür entsteht.

Den Mittagsschlaf solltest du erst starten, wenn das Kind sich entleert hat. Nach dem Mittagsschlaf, der dadurch zu 99% trocken bleibt, ist es deshalb Zeit für die erste kleine Belohnung und ganz viel Lob.

Frage auch immer wieder nach, ob alles trocken ist. Lautet die Antwort ja, lobe dein Kind, wie toll es mitmacht und was für ein großer Junge /großes Mädchen es ist.

Ganz wichtig: Frage **niemals**, ob es pullern muss, aufs Töpfchen muss oder ihr mal probieren wollt, ob was kommt! Damit es bei deinem Kind Klick machen kann, braucht es die Erfahrung, wie es sich anfühlt, wenn es nass ist, wenn es losläuft und wie es sich davor anfühlt. Genau diese Erkenntnisse ist nötig, um seinen Körper einschätzen zu lernen. Das bedeutet, es wird am Anfang so einige Schlüppies nass machen. Zuerst die volle Ladung, dann weniger, dann ein paar Tröpfchen. Irgendwann macht es Klick und dein Kind schafft es mit trockener Hose auf den Topf. Das heißt noch nicht, dass ab sofort alles trocken ist, aber dass dein Kind versteht was passiert und versucht Kontrolle zu gewinnen.

In jedem Fall, solltest du dein Kind loben. Denn es macht trotzdem weiter, es versucht dir Beschied zu sagen und es wird mit jedem Versuch ein bisschen besser.

Auch wenn es, besonders am ersten Tag, stressig ist - davon darf dein Kind nichts mitbekommen. Du musst trotz Allem fröhlich und zuversichtlich bleiben und deinem Kind zeigen, dass es das großartig macht und das wundervollste Kind unter der Sonne ist.

Wenn dein Kind beim Laufen lernen hingefallen ist, warst du ja auch sicher, dass es das bald hinkriegt und nicht gefrustet, weil es fällt.

Falls dein Kind einmal anfängt zu weinen und seine Windel zurück möchte, nimm es in den Arm, sage ihm wie stolz du bist und wie großartig es das schon hinbekommt. Es wird immer besser. Ihr kriegt das zusammen hin.

Wenn es Momente gibt, in denen du sicher bist, dass dein Kind muss, zwinge es niemals zu gehen. Bitte es erneut, dir Bescheid zu geben, wenn es muss. Wenn es Nein sagt, akzeptiere dieses Nein und vertraue deinem Kind. Auch wenn es dann daneben geht oder das Kind eine Minute später rennt. Lobe es wieder, dafür, dass es so toll mitmacht und für den momentanen Erfolg. Wahrnehmung und Erkenntnis kann man nicht erzwingen, sie brauchen Zeit und müssen reifen. Auch wir Erwachsenen erlangen keine Erkenntnis, weil uns jemand sagt, was besser für uns ist oder uns ggf. sogar dazu zwingt, sondern dadurch, dass wir selbst etwas wahrnehmen und irgendetwas in uns klick macht. **Gib deinem Kind die Zeit für sein Klick.**

Das Abendbrot sollte spätestens zwei Stunden vor dem zu Bett gehen beendet sein und die letzte große Trinkmenge enthalten. Bitte dein Kind am Ende noch einmal, etwas zu trinken, damit du sicher sein kannst, dass es keinen Durst mehr hat. Danach sollten alle Getränke erstmal außer Sichtweite genommen werden. Natürlich darf dein Kind etwas trinken, wenn es danach fragt, aber bitte nur einen kleinen Schluck. In den letzten zwei Stunden bis zum Schlafen, sollte sich das Kind im besten Fall noch zwei Mal entleeren, um gut durch die Nacht zu kommen. Diese Grundregel (zwei Stunden vor dem Schlafen Essen und Trinken abschließen) solltest du generell beibehalten. Sie unterstützt dein Kind bei einem ruhigen und trockenen Schlaf.

Bringe dein Kind ins Bett wie immer, nur eben ohne Windel. Lasse beim Einschlafen noch einmal den Tag Revue passieren und himmle dein Kind an, wie toll es mitgemacht hat, wie viele tolle Sticker es gesammelt hat und besprecht kurz was ihr morgen noch besser machen könnt. (Zum Beispiel: „Morgen üben wir dann die Hose hoch und runter ziehen!")

Für die Nacht sollte der Topf für den Anfang am Kinderbett stehen, sodass er schnell und ohne suchen gefunden werden kann. Am besten mit einem kleinen Nachtlicht und ein paar Stücken Toilettenpapier.

Erkläre deinem Kind, wie das in der Nacht funktioniert. „Wenn du pullern musst, sagst du mir Bescheid, dann helfe ich dir auf den Topf, wenn du möchtest." Zeige dabei noch einmal auf den Topf, damit dein Kind Klarheit, Orientierung und Sicherheit hat.

Bringe deinen Liebling dann wie gewohnt in den Schlaf.

Wichtig dabei ist es, während des gesamten Trainings immer bei der selben Wortwahl zu bleiben. Auch wenn man sich nach der hundertsten Nachfrage vorkommt wie eine Platte mit Sprung - konsequent und liebevoll dranbleiben wird belohnt.

NACHT EINS

Und nun schnaufe erst einmal kurz durch! Ein langer und sehr anstrengender Tag liegt hinter dir und auch **du hast das großartig gemacht!**

In der ersten Nacht solltest du ein Ohr darauf haben, wann dein Kind anfängt zu wühlen und unruhig schläft. Dann kannst du leise im Schlaf sagen, „Sag mir bescheid, wenn du auf den Topf musst."

Wenn dein Kind mit dir im Schlafzimmer schläft, bist du ohnehin in der Nähe. Falls dein Kind schon im eigenen Zimmer schläft, solltest du dein Lager für die Nacht im Kinderzimmer aufschlagen, um Bewegungen und eventuelle Rufe oder Unfälle wahrzunehmen.

Wenn du das Gefühl hast, dass noch nicht genug aus deinem Kind heraus gekommen ist seit dem Abendbrot, kannst du es circa 90 Minuten nach dem Einschlafen oder in einer der Wühlphasen in der Nacht noch einmal auf den Topf setzten. Rede leise mit deinem Kind und animiere es zu pullern. Wenn aber nichts kommt, lass es nicht zu lange sitzen. Danach kurz auf dem Arm kuscheln und wieder ins Bett. Die Kinder schlafen ohne großes Zutun sehr schnell weiter.

TAG ZWEI

Als allererstes nach dem Aufwachen geht es auf den Topf. Das erste Erfolgserlebnis des Tages. Denn wenn nicht eine halbe Stunde vorher ein Unfall passiert ist, sollte die Blase des Kindes randvoll sein.

Überschütte dein Kind auch hier wieder mit Lob und Zuspruch. Das war seine erste Nacht ohne Windel. Egal wie die Nacht gelaufen ist, es ist ein riesiger **Meilenstein**.

Du wirst merken, dass ihr beide, auch wenn noch nicht alles rund läuft, heute schon ein super eingespieltes Team seid und alles viel leichter von der Hand geht. Bei einem Erfolg wie `das erste Mal ganz trocken aufs Klo geschafft`, sollte es die nächste kleine Belohnung geben.

Je nach bisherigen Erfolgen solltet ihr gemeinsam entscheiden, ob der Topf noch im Wohnzimmer bleiben muss, oder ob er schon ins Bad gestellt werden kann. Wieder einen kleinen Schritt weiter.

Und dann macht ihr genau da weiter, wo ihr am gestrigen Tag aufgehört habt: spielen, toben, singen, tanzen und nebenbei fleißig üben (Trinken nicht vergessen), loben und wie oben erklärt, die richtigen Fragen stellen, immer und immer und immer wieder.

NACHT ZWEI UND DREI

Auch in der zweiten und dritten Nacht wird dich besagter Ammenschlaf nicht wirklich schlafen lassen. Halte durch und sei stolz auf das was ihr grade gemeinsam leistet. **Ihr seid ein tolles Team.**

Der Topf steht für den Moment in der Nacht am Bett. Final ins Bad wandert er, wenn ihr das Gefühl habt, dass dein Kind sicher in der Nacht ins Bad zu gehen, ggf. mit Begleitung. Bei uns war das ein gutes halbes Jahr.

Sprich diesen Schritt unbedingt mit deinem Kind ab. Auch wenn es noch klein ist, zeigt ihm das wieder, dass es Kontrolle aber auch Verantwortung inne hat.

TAG DREI

Spätestens heute sollte der Topf ins Bad wandern und dort seinen festen Platz erhalten (außer nachts).

Der dritte Tag verläuft an sich wie die ersten beiden, außer, dass es am Nachmittag Zeit für die große Belohnung ist. Am besten nach dem Mittagsschlaf (beim Aufwachen) unter dem Kissen verstecken und dann dafür sorgen, dass das Kind seine Überraschung findet. So hat es den ganzen Nachmittag Zeit, stolz damit zu spielen. Dein Kind weiß bis hierhin, ´wie es geht´ und was es tun soll - es hat klick gemacht.

An der vollen Kontrolle arbeitet es mit deiner Unterstützung und deinem Zuspruch fleißig weiter.

SCHRITT 3 – NACHBEREITUNG

Ihr habt es geschafft. Aber natürlich ist dein Kind noch nicht staubtrocken! Es weiß jetzt wie es geht, braucht aber noch einige Tage bis zu zwei Wochen, bis es wirklich zuverlässig Bescheid geben kann, dass es muss und dir auch mehr als drei Sekunden Zeit gibt, um zu reagieren.

Im zweiten Schritt müssen Kinder nun lernen - und dieser Prozess dauert erheblich länger als der Initial-Kurs(!) - die feinen Unterschiede ihrer Körpersignale lesen zu lernen. Wie es sich anfühlt, kurz bevor sie platzen, das wissen sie dann. Aber wie fühlt es sich an, wenn ich ein bisschen muss oder ein bisschen mehr. Auch für dieses Kennenlernen des eigenen Körpers brauchen unsere Kleinen Zeit, Verständnis und Liebe.

Deshalb ist es am Anfang schwierig große Ausflüge oder Shoppingtrips zu machen. Es ist ein bisschen, als wäre die Stillzeit zurück.

Die war schön, hat uns aber auch zeitlich und planerisch extrem gefordert. Und nun fangen wir wieder an, in kleinen Schritten und kurzen Zeitabschnitten die Welt zu erkunden.

Wenn es sich machen läßt, ist Ruhe der beste Weg. Wenn Mama Urlaub hat oder sogar noch zu Hause ist, läßt sich der neue Tag besser planen und gestalten.

Wir haben uns am Anfang auf kurze Wege zwischen unserem zu Hause, unserem Garten und dem Supermarkt beschränkt. Denn wir haben festgestellt, dass Unruhe und viele Außenreize, wie „Uh, ein Motorrad. Guck mal ein Flugzeug! Ah, da kommt das Essen!", mit ziemlicher Sicherheit zu Unfällen geführt haben.

Stell dir einfach mal vor, du hast gerade eben gelernt Auto zu fahren und bist noch sehr sehr unsicher unterwegs. Dann fährst du sofort auf Sigthseeingtour mit Blumenkübeln, Autos, bunten Plakaten und Schaufenstern, Stars und Sternchen um dich herum. In deinem Auto sind auch noch Mitfahrer, die dir durcheinander furchtbar wichtige Sachen zu erzählen haben, auf den Weg und aufs Tanken sollst du auch noch aufpassen ... Ein Unfall und völlige Überforderung sind vorprogrammiert.
Kannst du dir vorstellen, was dein Kind gerade leistet?

Was wir hier brauchen, ist ein kleiner Platz zum üben, bekannte Wege, auf denen wir in Ruhe lernen und unsere Fähigkeiten erweitern können.

Genauso unsicher, wie wir damals in oder nach der Fahrschule, fühlen sich unsere Kinder auch. Sie wollen alles richtig machen und sie wollen, dass Mama und Papa stolz auf ihr großes Kind sind. Wir sollten es ihnen deshalb am Anfang nicht allzu schwer machen und ihr Lernen unterstützen. Sie brauchen erstmal den Rückhalt und die Ruhe, alles begreifen und erfühlen zu können, um Sicherheit zu erlangen, die bleibt.

Je nachdem, wie ruhig sich die folgenden Tage und Wochen gestalten lassen, dauert der Vertiefungsprozess etwa zwischen zwei Wochen und zwei Monaten.

Wichtig ist, dass das bisherige Schema konsequent weitergeführt wird:

„Sag bescheid, wenn du musst." Wenn das Kind ein Signal gibt schnell zum Topf. Weiterhin viel Lob verteilen und bei Unfällen gelassen bleiben und das Kind bestärken, dass es auf dem richtigen Weg ist und toll mitmacht.

Das „Sag bescheid, wenn du musst." brauch jetzt natürlich nicht mehr so häufig gesagt werden. Du kennst dein Kind am besten und weißt, ob es eine häufige Erinnerung braucht, oder das Ganze schon ziemlich gut hinbekommt.

Und dann kommt der Tag, bei manchen nach drei Tagen, bei manchen erst später, an dem dein großes Kind ohne jeden Tropfen, mit einem 'Schlüppie' durch den ganzen Tag kommt. Zeig ihm wie stolz du bist und sag ihm wie großartig es ist, dass es das jetzt kann.

Denk trotz allem immer daran Wechselwäsche (incl. Socken!), Feuchttücher und kleine Tüten dabei zu haben, damit du im Falle des Falles ausgerüstet bist.

Der Schritt **zur großen Toilette** hat zwar Zeit, wenn sich die Gelegenheit ergibt, solltest du dein Kind aber zeitnah fragen, ob es mal Probe sitzen möchte. Das gelingt am besten wenn das Kind ohnehin gerade auf dem eigenen Topf neben der großen Toilette sitzt. Wenn das Kind zustimmt, kannst du es dann einfach mal auf die große Schüssel setzten, es festhalten und ihm zeigen, wo es sich selbst festhalten muss. Ohne den Druck, jetzt Pullern zu sollen, macht das den Kindern sogar Spass.

Auch wenn das Kind noch einige Zeit sein Töpfchen

behalten möchte, hat dieses Probesitzen hat den Vorteil, dass das Kind weiß, wie es ist. Solltet ihr nämlich demnächst in eine Situation kommen, in der ihr eine öffentliche Toilette benutzen müsst und das Kind hat damit noch gar keine Berührung gehabt, kann dies zu Angst und Verweigerung oder schlichtem `Nichtkönnen` führen.

Schnell doch nochmal eine Windel

Auf gar keinen Fall solltest du bei einem Ausflug oder einer längeren Autofahrt, oder nachts „schnell nochmal eine Windel" anziehen!

Zum Einen hast du gemeinsam mit deinem Kind die Windeln entsorgt. Dein Kind versteht nicht warum auf einmal wieder Windeln da sind. Das Wegwerfen war final!

Zum Anderen gehört genau dies zum vertiefenden Erlernen der eigenen Körpersignale des Kindes. Ja, es braucht viel Planung und Mitdenken deinerseits, um für alle Eventualitäten gerüstet zu sein. Ja, es kostet Zeit, fünf Pausen zu machen und jedes verfügbare Klo zu checken.

Aber sind Mamas nicht ohnehin Multitasking-Superhelden? Und genau diese Unterstützung bringt dein Kind schnellst möglich dazu, zu wissen, wann es muss und wann es bescheid sagen muss.

Und das war's auch schon! Wie ich am Anfang sagte, es klingt unendlich viel, ist es aber gar nicht!

Die Checkliste im Download hilft dir, dass du alles im Blick behältst.

Bleibe am Ball und unterstütze deinen kleinen Helden, denn dein Kind macht jeden Tag wunderbare Fortschritte.

RESSOURCEN

Wie versprochen, habe ich einen **Ressourcen Download** für dich und dein Kind vorbereitet. Das PDF kannst du dir unter folgendem Link runterladen: https://www.gocrazyhappy.com/RessourcenTTB und dich für meinen Mami-Newsletter anmelden.

Enthalten sind mehrere Ideen für **TrainingsCharts**, diverse **Stickerbögen** (zum Ausdrucken auf Stickerpapier) und deine **Checkliste**, um alles im Blick zu behalten. Außerdem sind für dein Kind noch ein paar **Ausmalseiten** aus dem Partner-Kinderbuch ‚Clara und ihr Töpfchen‘ mit dabei, um für Beschäftigung beim Training zu sorgen.

DIE AUTORIN

Eigentlich bin ich in einer Bibliothek groß geworden, da meine Mama Bibliothekarin war. Also saß ich zwischen den Regalen und habe mir die Bücher angeschaut und kaum etwas davon verstanden. Mein Lieblingsbuch war eine große Sammlung von Wilhelm Busch Geschichten, denn da waren viele bunte Bilder drin.

Ich bin Mama, Ehefrau und Pädagoge. Da meine Kinder eine Geschichte nach der Anderen eingefordert haben, schicke ich sie nun raus in die Welt (die Geschichten, nicht die Kinder!), und freue mich, wenn sie euren Kindern auch gefallen. Nebenbei probiere ich auch euch als Eltern weiterzuhelfen.

Meine Kindergeschichten kommen oft aus dem echten Leben. Ich verpacke sie in kleine Abenteuer, tauche sie in Feenstaub und rette sie vor Dinosaurierklauen, um sie zu euch und euren Lieben zu bringen.

WEITERE BÜCHER VON ANGELA ZIGANN

Clara und ihr Töpfchen,

ist das **Partnerbuch** für Kinder zu dem Ratgeber, den du gerade gelesen hast. Es ist passend zur beschriebenen Methode geschrieben für 2-jährige auf dem Weg aus der Windel auf den Topf.

Clara wird dein Kind auf dieser spannenden Reise prima unterstützen.

Dieses und alle weiteren Bücher und Infos von mir findest du unter: www.GoCrazyHappy.com

EIN KLEINER GEFALLEN

Ich hoffe sehr, dass dir dieses Buch weiterhilft und dir die Sicherheit gibt, in Ruhe diesen großartigen Schritt mit deinem Kind zu gehen.

Wenn du einen kleinen Moment hast, bin ich dir zutiefst dankbar, wenn du mir eine Bewertung in dem Store hinterläßt, in dem du das Buch gekauft hast. Damit unterstützt du nicht nur mich, sondern auch andere Eltern auf der Suche nach Rat.

Ganz lieben Dank! 

LASS UNS IN KONTAKT BLEIBEN

Wenn du Fragen oder Anregungen hast, freue ich mich auf deine Nachricht an news@gocrazyhappy.com.

Ansonsten findest du mich auf
Facebook: www.facebook.com/AngelaZigannAuthor,
Instagram: @angelazigannauthor,
Goodreads & **BookBub**

und natürlich auf **www.GoCrazyHappy.com** .

Impressum: GoCrazyHappyBooks, vertreten durch:
Angela Zigann | Mörchinger Str. 123d | 14169 Berlin | Germany
www.GoCrazyHappy.com